Magdalena Wöckel

Kochen & Backen kompetenzorientiert unterrichten

Von einfachen Arbeitsplanungen bis zu komplexen Einsatzszenarien

D1695337

AOL verlag

Bitte beachten Sie: Aufgrund der besseren Lesbarkeit werden in diesem Heft zumeist die männlichen Formen verwendet. Wenn zum Beispiel von „Schüler" die Rede ist, ist selbstverständlich auch immer die Schülerin mit gemeint.

Impressum

Kochen & Backen kompetenzorientiert unterrichten

Magdalena Wöckel unterrichtet seit 30 Jahren Jugendliche im Alter von 13 bis 16 Jahren im Bereich Hauswirtschaft/Kochen. Sie hat schon an verschiedenen Schulen gearbeitet und Fortbildungen in diesem Bereich gegeben. Neben ihrer schulischen Arbeit initiiert und leitet sie Projekte wie den Kulturenkochtreff, in dem Flüchtlinge und Deutsche gemeinsam kochen. Ihr großes Anliegen ist, Freude am Kochen und gemeinsamen Tun bei den Jugendlichen zu wecken und so ganz nebenbei wichtige Alltagskompetenzen wie Teamfähigkeit und planvolles, nachhaltiges Arbeiten zu vermitteln.

1. Auflage 2016
© 2016 AOL-Verlag, Hamburg
AAP Lehrerfachverlage GmbH
Alle Rechte vorbehalten.

Veritaskai 3 · 21079 Hamburg
Fon (040) 32 50 83-060 · Fax (040) 32 50 83-050
info@aol-verlag.de · www.aol-verlag.de

Redaktion: Kathrin Roth
Layout/Satz: Satzpunkt Ursula Ewert GmbH, Bayreuth
Coverfoto: © Beate Hitzler
sämtliche Illustrationen: © Satzpunkt Ursula Ewert GmbH, Bayreuth
Menükarte Seite 29: © Beate Hitzler

ISBN: 978-3-403-10427-8

Das Werk als Ganzes sowie in seinen Teilen unterliegt dem deutschen Urheberrecht. Der Erwerber des Werkes ist berechtigt, das Werk als Ganzes oder in seinen Teilen für den eigenen Gebrauch und den Einsatz im Unterricht zu nutzen. Die Nutzung ist nur für den genannten Zweck gestattet, nicht jedoch für einen weiteren kommerziellen Gebrauch, für die Weiterleitung an Dritte oder für die Veröffentlichung im Internet oder in Intranets. Eine über den genannten Zweck hinausgehende Nutzung bedarf in jedem Fall der vorherigen schriftlichen Zustimmung des Verlages.

Sind Internetadressen in diesem Werk angegeben, wurden diese vom Verlag sorgfältig geprüft. Da wir auf die externen Seiten weder inhaltliche noch gestalterische Einflussmöglichkeiten haben, können wir nicht garantieren, dass die Inhalte zu einem späteren Zeitpunkt noch dieselben sind wie zum Zeitpunkt der Drucklegung. Der AOL-Verlag übernimmt deshalb keine Gewähr für die Aktualität und den Inhalt dieser Internetseiten oder solcher, die mit ihnen verlinkt sind, und schließt jegliche Haftung aus.

Engagiert unterrichten. Natürlich lernen.

AOL verlag

Inhaltsverzeichnis

© AOL-Verlag

„Die Erinnerung" – das schrieb kürzlich ein Schüler auf die Frage, was ihm am Unterricht in der Schulküche am besten gefallen habe. Auf meine Nachfrage hin erklärte er mir, der Unterricht habe ihm viel Spaß gemacht und er werde sich später sicher gerne daran zurückerinnern.
Natürlich wollen wir Lehrkräfte Leistungsnachweise haben, damit wir zeigen können, welche Kompetenzen die Schüler in unserem Unterricht erworben haben. Ist da eine Aussage wie „die Erinnerung" nicht zu dürftig? Viele Lehrer wissen aus eigener Erfahrung, dass der Mensch dort am meisten lernt, wo er an bereits bekannten Inhalten anknüpfen kann. Wenn dann noch die Freude und sogar die Leidenschaft hinzukommen, findet effektives Lernen statt. Positive Gefühle wirken sich wie ein Dünger auf den Lernprozess aus. Aus diesem Grund war ich mit der Aussage „die Erinnerung" zufrieden und vermute, dass mein Schüler eine gute emotionale Haltung zum Kochen und Backen aus dem Unterricht mitgenommen hat. Der Zugang zum Kochen, die Freude am praktischen Tun wurde geschaffen, ein wertvolles Gut.
Seit nunmehr 30 Jahren erlebe ich immer wieder, mit welcher Begeisterung die Schüler kochen und backen, aber auch, wie es um ihre Fähigkeiten hinsichtlich Ordnung, Struktur, planerisches Arbeiten und einfache Arbeitstechniken steht. Hier gilt es, die Freude am praktischen Tun zu erhalten und zu fördern, aber auch grundlegende Alltagskompetenzen einzufordern. Dies ist manchmal ein schwieriger Balanceakt.

Wie kann ich den Unterricht kompetenzorientiert gestalten?
Zuerst einmal muss ich mir als Lehrkraft im Klaren darüber sein, welche Kompetenzen meine Schüler erwerben sollen. Je nach Rahmenbedingungen kann das sehr unterschiedlich sein. Das Spektrum reicht vom Kochen einfacher Gerichte bis hin zum Zubereiten umfangreicher Menüs, wobei ernährungsphysiologisches Hintergrundwissen und das Wissen über die Zusammenhänge von Wirtschaften im Haushalt und in der Welt berücksichtigt werden sollen.

Die Materialien in diesem Band sind in drei Stufen eingeteilt:
- **Stufe 1:** Die Schüler lernen die Schulküche und die notwendige Struktur im praktischen Unterricht kennen.
- **Stufe 2:** Die Schüler kennen die Schulküche und sind mit dem praktischen Ablauf vertraut. Nun erstellen sie die Arbeitsplanung für die Gruppe selbst. Zusätzlich wählen sie die Gerichte passend zu einem vorgegebenen Rahmenthema (abgestimmt auf den theoretischen Inhalt der Stunde) aus und planen selbstständig die nötigen Arbeitsschritte.
- **Stufe 3:** Die Schüler beherrschen arbeitstechnische Grundlagen und können gut im Team arbeiten. Unterrichtet wird nach der Leittextmethode. Wenn mit Leittexten gearbeitet wird, ist es sinnvoll, die Gruppen zu teilen: Eine Hälfte kocht und die andere Hälfte plant und recherchiert für die nächste Stunde. Gegessen wird dann gemeinsam.

Beispiele für Projektprüfungen runden die Materialien ab.

Schaffen von nötigen Rahmenbedingungen:
Es ist Aufgabe der Lehrkraft, den Rahmen zu schaffen und diesen so zu gestalten, dass die Schüler einen gut strukturierten Ablauf kennenlernen, der auch Raum lässt für eigene Entscheidungen. Zu Beginn (auf Stufe 1) haben die Schüler die Möglichkeit, in Absprache mit der Gruppe selber einzuteilen, wer was macht. Auf der 2. Stufe wählen sie z. B. unter einem vorgegeben Rahmenthema selbst die Beilage aus. Auf der 3. Stufe entscheiden sie sich passend zu einem Szenario für ein gesamtes Menü, organisieren den Einkauf, erstellen eine Arbeitsplanung für die praktische Durchführung und präsentieren ihre Arbeit.

Als Lehrkraft bewegt man sich von der Rolle des Lehrers hin zur Rolle des Lerncoachs und Lernbegleiters. Von großem Vorteil ist es, den Schülern erprobte Rezepte an die Hand zu geben, die eine gewisse Gelinggarantie aufweisen. Methodenkarten unterstützen das selbstständige Lernen und Arbeiten.

Das vorliegende Konzept ist das Ergebnis intensiver Arbeit mit Jugendlichen in der Schulküche. Ich hatte die Möglichkeit, einen großen Teil der Jugendlichen von der 7. bis zur 10. Klasse im praktischen Unterricht zu begleiten.

Das Konzept für den kompetenzorientierten Unterricht auf Stufe 3 entstand in enger Zusammenarbeit mit meinen Kolleginnen Petra Hupf und Brigitta Sauro. Wir haben mit diesem Konzept viele positive Erfahrungen gemacht. Ich hoffe, Ihnen wird es ebenso ergehen.

Ein Hinweis zum Schluss: Auf der beigelegten CD finden Sie sämtliche Arbeitsblätter als Blanko-Version (als WORD-Dateien), die Sie nach Belieben an Ihre eigenen Bedürfnisse anpassen können. Im Heft selbst sind die Kopiervorlagen mit Lösungen oder Lösungserwartungen bzw. mit zusätzlichen Hinweisen zum Einsatz abgedruckt, die für Sie als Lehrkraft relevant sind, nicht aber für die Schüler.

Magdalena Wöckel

© AOL-Verlag

Wir werden Kochprofis!

Wir informieren uns über:

die gesetzliche Lebensmittelkennzeichnung
den nachhaltigenEinkauf

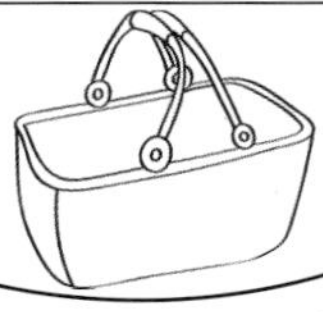

Wir informieren uns über:

die Ernährungspyramide
5 am Tag

Wir werden Kochprofis!

Wir informieren uns über:

die Hygiene in der Küche

Wir lernen praktisch:

verschiedene Arbeitstechniken
fachgerechte Arbeitsplatzgestaltung
sinnvolle Arbeitsplanung
Umgang mit technischen Geräten
ansprechendes Tischdecken

Wir üben in der Schulküche:

das Arbeiten im Team

Zu Hause üben wir:

das Kochen

© AOL-Verlag

Wir werden ein erfolgreiches Kochteam!

➡ Ich komme **pünktlich** und **vorbereitet** zum Unterricht.

➡ Ich höre beim **Besprechen** und der **praktischen Vorarbeit** aktiv zu!

Aktives Zuhören heißt:

keine Nebentätigkeiten
keine Nebengespräche

Wir arbeiten **im Team**. Wir

sprechen in einem respektvollen Umgangston miteinander.
treffen klare Absprachen.
halten uns an Vereinbarungen.
übernehmen Verantwortung.
teilen die Arbeiten gerecht auf.

Beachte:

Der Erfolg des Teams hängt von jedem Einzelnen ab.

© AOL-Verlag

Hygiene: Oberstes Gebot für die Küche und für deine Gesundheit!

Persönliche Hygiene:

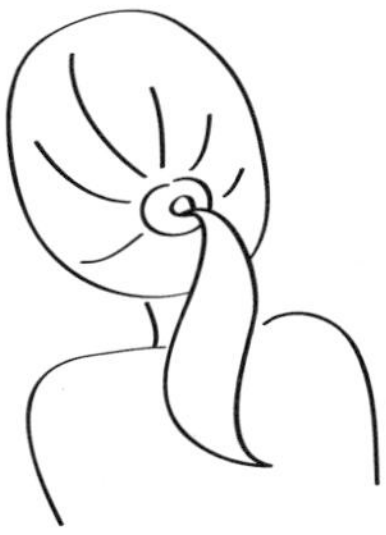

Hände waschen

Schürze anziehen

Lange Haare zusammenbinden

Mit 2 Löffeln probieren

Hygiene am Arbeitsplatz:

Abfallschüssel verwenden

Ordnungstopf verwenden

Arbeitsflächen nach jedem Arbeitsschritt abwischen

Lebensmittelhygiene:

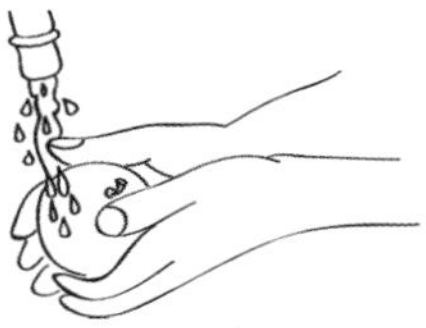

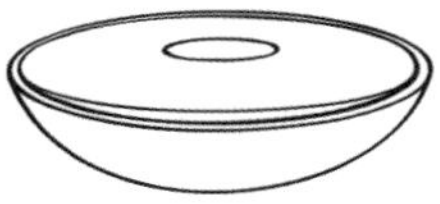

Obst und Gemüse gründlich waschen

Geschnittene Lebensmittel abdecken

© AOL-Verlag

Ämterkarten (Je nach Sozialkompetenz der Gruppe bis Stufe 3 einsetzbar.)

Name: **Kochgruppe:**

	**Herdamt**
vor dem Kochen	Ordnungstopf und Abfallschüsseln bereitstellen
	Spülmaschine ausräumen
nach dem Kochen	Abfallschüsseln ausleeren
	Arbeitsflächen abwischen und nachtrocknen
	Herd reinigen
	Tücher aufhängen

Name: **Kochgruppe:**

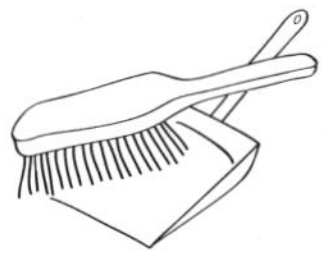	**Ordnungsamt**
vor dem Kochen	Lebensmittel herrichten
nach dem Kochen	Esstisch abräumen (Schüsseln und Platten)
	Esstische abwischen
	Spülmaschine einräumen
	Beim Aufräumen des Geschirrs helfen
	Boden fegen

© AOL-Verlag

Ämterkarten (Je nach Sozialkompetenz der Gruppe bis Stufe 3 einsetzbar.)

Name: **Kochgruppe:**

	**Spülamt**
vor dem Kochen	Spüllappen und Trockentücher bereitlegen
nach dem Kochen	Geschirr nach dem Verschmutzungsgrad sortieren
	Geschirr abspülen
	Spüle auswischen und nachtrocknen
	Spüllappen aufhängen

Name: **Kochgruppe:**

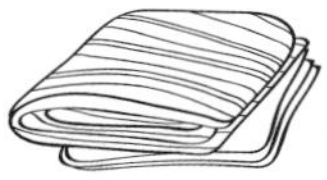	**Trockenamt**
vor dem Kochen	Arbeitsgeräte bereitstellen
nach dem Kochen	Essgeschirr in die Spülmaschine einräumen
	Geschirr abtrocknen
	Geschirr einräumen
	Trockentücher aufhängen

© AOL-Verlag

Beispiele für die Arbeitsplatzvorbereitung

Die Karten liegen zu Unterrichtsbeginn in den einzelnen Kochbereichen aus. Die Schüler beginnen nach dem Händewaschen und Anziehen der Schürzen sofort mit der Vorbereitung der Küche. Dadurch wird die Aktivität gleich zielgerichtet zum Stundenthema geführt. Wenn die Schüler mit den praktischen Arbeiten besser vertraut sind, können die Arbeitskarten verdeckt ausgelegt und zur Selbstkontrolle eingesetzt werden.

Arbeitsgeräte für Pizzabrötchen: Ordnungstopf Abfallschüssel 3 Schneidebretter 1 Messer mit Wellenschliff 1 Brotmesser 1 große Metallschüssel 1 Kochlöffel 3 Esslöffel Backblech Backpapier	**Arbeitsgeräte für Kartoffelsuppe:** Ordnungstopf Abfallschüssel 3 Schneidebretter 1 kleines Gemüsemesser 1 Kochmesser 2 Schäler Schüssel für das geschnittene Gemüse Schüssel für die geschnittenen Zwiebeln Suppentopf Kochlöffel
Arbeitsgeräte für Spaghetti mit Hackfleischsoße: Ordnungstopf Abfallschüssel 2 Schneidebretter 2 Messer 1 kleine Schüssel 1 mittelgroße Schüssel großer Topf Kochlöffel Seiher (Durchschlag) großer, weiter Topf Bratenwender	**Arbeitsgeräte für Kartoffelsuppe:** Ordnungstopf Abfallschüssel 3 Schneidebretter 1 kleines Gemüsemesser 1 Kochmesser 2 Schäler Schüssel für das geschnittene Gemüse Schüssel für die geschnittenen Zwiebeln Suppentopf Kochlöffel

© AOL-Verlag

Beispiele für Arbeitsplanungen

Die Arbeitsplanungen werden in den ersten Unterrichtsstunden vorgegeben, je nach Leistungsstärke der Gruppe in einem Zeitraum von vier Monaten bis hin zu einem Schuljahr. Am Ende der Stunde werden die Planungen in einem Gruppenheft oder Gruppenordner abgelegt. Somit kann immer nachkontrolliert werden, wer was gemacht hat.

Ziel dieser Vorgabe:
Die Schüler sollen die strukturierten Abläufe in der Schulküche erleben und kennenlernen. Von Beginn an bietet es sich an, immer wieder Einheiten einzuplanen, in denen die Schüler selbstständig zu einem vorgegebenen Rahmenthema bekannte Gerichte auswählen und eventuell neu kombinieren. Für diese Einheiten erstellen die Schüler die Arbeitsplanung selbst. Als Grundlage hierfür kann der Gruppenordner herangezogen werden.

Arbeitsplanung für Vierergruppen

Pizzabrötchen			
Name:	Name:	Name:	Name:
Ofen vorheizen (180°C Umluft). Blech mit Backpapier belegen. Brötchen durchschneiden und leicht aushöhlen.	Schinken in Würfel schneiden. Salami in Würfel schneiden.	Paprikaschote waschen, halbieren, Stielansatz entfernen, in Würfel schneiden. Zutaten mit Sahne und Oregano vermengen.	Käse in Würfel schneiden. Tisch decken.
• Jeder belegt sein Brötchen selbst. • Blech in den Backofen schieben.			

Arbeitsplanung für Dreiergruppen

Pizzabrötchen		
Name:	Name:	Name:
Ofen vorheizen (180°C Umluft). Blech mit Backpapier belegen. Brötchen durchschneiden und leicht aushöhlen. Käse in Würfel schneiden.	Schinken in Würfel schneiden. Salami in Würfel schneiden.	Paprikaschote waschen, halbieren, Stielansatz entfernen, in Würfel schneiden. Tisch decken.
• Zutaten mit Sahne und Oregano vermengen. • Masse auf den Brötchen verteilen und backen.		

© AOL-Verlag

Beispiele für Arbeitsplanungen

Arbeitsplanung für Vierergruppen

Kartoffelsuppe			
Name:	Name:	Name:	Name:
Kartoffeln waschen, schälen und schneiden. Tisch decken.	Karotte waschen, schälen und in Stücke schneiden. Sellerie schälen und schneiden.	Zwiebel in Würfel schneiden. Hohen Topf zum Andünsten herrichten. 3/4 l Brühe herrichten. Zwiebel andünsten. Gemüse andünsten und mit Brühe aufgießen.	Lauch in Ringe schneiden. Beim Kartoffelschneiden helfen. Petersilie waschen und hacken.
Suppe ca. 20 – 30 Minuten köcheln lassen, pürieren und abschmecken.			

Arbeitsplanung für Dreiergruppen

Spaghetti mit Hackfleischsoße		
Name:	Name:	Name:
Tomaten sehr klein schneiden. Wasser aufsetzen. Schüsseln warm stellen (50° C). Salz in das Kochwasser geben. Spaghetti kochen. Spaghetti abseihen, etwas Olivenöl darübergeben. Spaghetti warm stellen.	Arbeitsplatz zum Anbraten herrichten. Fleisch anbraten (in einem großen flachen Topf). Zwiebel und Knoblauch zugeben und kurz mitbraten. Tomaten und Gewürze zugeben und 15 Minuten köcheln lassen. Tomatenmark zugeben und abschmecken.	Zwiebel in Würfel schneiden. Knoblauch in Würfel schneiden. Tisch decken.

© AOL-Verlag

Dieser Reflexionsbogen bietet sich am Ende von Stunden an, in denen die Schüler selbst die Speisenauswahl getroffen haben.

Reflexionsbogen

Kochteam: ______________________________

(Namen)

Gerichte: ______________________________

Datum: ______________________________

	trifft zu +++	trifft teilweise zu ++	trifft nicht zu +
Die **Auswahl der Gerichte** war vom Arbeitsumfang und Zeitumfang passend.			
Die **Arbeitsplätze** wurden vollständig vorbereitet.			
Die **Arbeitsplätze** waren stets ordentlich und sauber.			
Der **Spülplatz** war fachgerecht vorbereitet und wurde fachgerecht benutzt.			
Die passenden **Arbeitsgeräte** wurden verwendet (richtiges Messer, passende Schüsselgröße, Rühr- oder Arbeitsschüssel).			
Die richtige **Arbeitstechnik** wurde angewendet (Krallengriff, Tunnelgriff, vermengen, verrühren, Würfel schneiden – richtige Reihenfolge).			
Die **Zusammenarbeit** hat gut funktioniert (gegenseitige Hilfe, Wartezeiten genutzt, gute Absprache, positive Kommunikation).			
Das **Ergebnis** war im Aussehen und Geschmack gut.			

Das hat besonders gut geklappt:

____

Hier gab es Schwierigkeiten:

____

© AOL-Verlag

Beispiele für Stundenplanungen

Die Schüler kennen die Schulküche und sind mit dem praktischen Ablauf vertraut. In der Regel haben sie bereits über einen längeren Zeitraum in der Schulküche gearbeitet. Nun erstellen sie die Arbeitsplanung für die Gruppe selbst. Zusätzlich wählen und planen sie die Gerichte passend zum vorgegebenen Rahmenthema (abgestimmt auf den theoretischen Inhalt der Stunde) selbstständig. Die geplanten Stundenverläufe und die Vorlagen für die Gruppenarbeitsplanung werden zu Beginn der Unterrichtsstunde ausgelegt. Als Vorbereitung des Theoriethemas und zur Förderung leistungsstarker Gruppen kann der geplante Stundenverlauf noch mit Aufgaben zur Fach- und Sozialkompetenz ergänzt werden.

Geplanter Stundenverlauf für 4 Schulstunden

Küche:	Datum:
Thema: **Pizza, gemischter Salat, Warenkunde Mehl**	

Zeit	Praxis	Besprechung/Theorie/Planung
8:00 – 8:10	Küche vorbereiten, Rezepte bereitlegen. Lebensmittel und Geräte bereitstellen.	
8:10 – 8:20		Schüler erstellen für ihre Gruppe eine Arbeitsplanung. Unterstützung: Methodenkarte – Arbeitsplanung für die Gruppe
8:20 – 8:40	<u>Lehrervorführung</u>: Pikanter Hefeteig <u>Schülervorführung</u>: Zwiebel und Knoblauch schneiden, andünsten	
8:40 – 9:20	Hefeteig zubereiten. Tomatensugo zubereiten.	
9:20 – 9:45	Belag für die Pizza vorbereiten. Tomatensugo fertigstellen. Salat vorbereiten. Backofen vorheizen.	
9:45 – 10:00	Pizzateig auswellen und belegen. Salatmarinade zubereiten. Tisch decken.	
10:00 – 10:30		Warenkunde Mehl „Fit mit Vollwert" – Vollkorn – Mehltypen – gesundheitlicher Wert – Stationen oder Gruppenarbeiten (Erarbeitung durch die Schüler mithilfe der Lehrkraft)
10:30 – 11:00	Salat marinieren. Pizza anrichten. Essen und aufräumen.	Abschlussrunde – Reflexion

© AOL-Verlag

Küche:	Datum:
Thema: **Lasagne Bolognese, Salat, mediterrane Küche**	

Zeit	Praxis	Besprechung/Theorie
8:00 – 8:10	Küche vorbereiten, Rezepte bereitlegen. Lebensmittel und Geräte bereitstellen.	
8:10 – 8:30		Besprechung der Zubereitung. Bekannte Arbeitstechniken wiederholen. Gruppen erstellen die Arbeitsplanung.
8:30 – 9:10	Fleischsoße zubereiten. Schülervorführung: Fleisch anbraten. Salat vorbereiten. Salatmarinade vorbereiten. Backofen vorheizen.	
9:10 – 9:50	Lehrervorführung: Béchamelsoße zubereiten. Lasagne einschichten und backen. Aufräumen.	
9:50 – 10:20		Merkmale mediterraner Küche Stationen oder Gruppenarbeiten
10:20 – 10:30	Lasagne anrichten. Salat marinieren und anrichten. Tisch decken.	
10:30 – 11:00	Essen und aufräumen.	Abschlussrunde – Reflexion

Küche:	Datum:
Thema: **Kartoffelsuppe, Rührkuchen nach Wahl, Einkaufsschulung Eier**	

Zeit	Praxis	Besprechung/Theorie
8:00 – 8:10	Küche vorbereiten, Rezepte bereitlegen. Lebensmittel und Geräte bereitstellen.	
8:10 – 8:30		Besprechung der Zubereitung: Bekannte Arbeitstechniken Zwiebel schneiden, andünsten, Arbeitsplanung erstellen
8:30 – 9:45	Lehrervorführung: Schaummasse rühren. Backofen vorheizen, Form vorbereiten. Kartoffelsuppe zubereiten. Schülervorführung: Andünsten, Kuchen zubereiten und backen.	
9:45 – 10:15		Rund um das Ei: Einkauf, Kennzeichnung, küchentechnische Bedeutung
10:15 –10:30	Suppe fertigstellen. Tee zubereiten. Kuchen anrichten.	
10:30 – 11:00	Essen und aufräumen.	Abschlussrunde – Reflexion

© AOL-Verlag

Arbeits-Check: Aufgaben zur Fachkompetenz

Wählt das **passende Fett und begründet die Wahl**:

Aufgabe	Fettauswahl	Begründung
Zwiebel andünsten	Butter oder kaltgepresstes Olivenöl	Keine hohe Temperatur erforderlich, höherer gesundheitlicher Wert
Hackfleisch für Fleischsoße anbraten	Bratöl	Hohe Hitze zum Anbraten notwendig – Bildung von Röststoffen erwünscht
Fischfilet ausbacken	Butterschmalz oder Bratöl	Mittlere Hitze erforderlich, guter Geschmack
Gemüse für Suppe andünsten	Butter oder kaltgepresstes Olivenöl	Andünsten bei niedriger Hitze

Gelatineverarbeitung bei kalter Flüssigkeit

Formuliere die Arbeitsschritte in der richtigen Reihenfolge:

1. Gelatineblätter in kaltem Wasser einweichen.
2. Gelatine bei niedriger Hitze und mit etwas Wasser auflösen.
3. Temperaturausgleich durchführen.
4. Aufgelöste Gelatine mit einem feinen Strahl in die Creme einrühren.
5. Creme kalt stellen.

Folgender Fehler ist aufgetreten: Die Creme ist nicht fest geworden. Nenne mögliche Ursachen!

o Gelatine wurde zu hoch erhitzt –> Gelierfähigkeit ging verloren.
o Gelatinemenge war falsch berechnet.

Die helle Einbrenne – eine wichtige Bindemöglichkeit von Flüssigkeiten

Formuliere die Arbeitsschritte in der richtigen Reihenfolge:

1. Butter zerlassen.
2. Mehl zugeben und „durchschwitzen" lassen.
3. Kalte Flüssigkeit nach und nach unter Rühren zugeben.
4. Flüssigkeit unter ständigem Rühren aufkochen lassen.
5. Gebundene Flüssigkeit einige Minuten kochen lassen – ständig rühren!

Binden von Flüssigkeiten

Wir haben bereits 4 verschiedene Arbeitstechniken zum Binden von Flüssigkeiten kennengelernt. Zähle sie auf und nenne dazu ein passendes Gericht.

Verfahren	Gericht
Helle Einbrenne	Lasagne
Stauben	Geschnetzeltes
Mehlteiglein	Soße für Braten
Gelatine	Cremespeisen

Notiere die Regeln für die Zubereitung eines pikanten Hefeteiges:

Warme Flüssigkeit verwenden – maximal 40 °C
Teig gut kneten
Teig gehen lassen

© AOL-Verlag

Damit ein Hefeteig aufgeht, benötigen die Hefepilze bestimmte Lebensbedingungen. Zähle sie auf.

o Flüssigkeit
o Nahrung
o Luft
o Wärme

Nenne die Bearbeitungsregeln für einen gehackten Mürbteig:

o Butter und Eier müssen kalt sein.
o Teig nur kurz kneten.

Nenne die Zubereitungsregeln für einen Rührteig:

1. Butter und Eier müssen Zimmertemperatur haben.
2. Eier nach und nach zugeben: Ein Ei immer gut unterrühren, erst dann das nächste Ei zugeben. Das ergibt eine schöne Schaummasse.
3. Mehl nur kurz unterrühren.
4. Fertigen Teig sofort verarbeiten.

Nenne die Arbeitsschritte beim Rührteig in der richtigen zeitlichen Reihenfolge:

1. Eier und Butter rechtzeitig aus dem Kühlschrank nehmen.
2. Ofen vorheizen.
3. Form fetten oder mit Backpapier auslegen.
4. Teig zubereiten.

Wissenscheck: Welche Teige sind gemeint?

250 g Mehl 125 g Butter 65 g Zucker 2 Eigelb	Gehackter Mürbteig	250 g doppelgriffiges oder Instant-Mehl Salz 3 Eier 100 ml Wasser	Spätzle
80 g Butter 80 g Zucker 2 Eier 200 g Mehl 1 ½ TL Backpulver	Rührteig	250 g Hackfleisch 2 Toastscheiben 6 EL Milch Zwiebel, Petersilie 1 Ei	Fleischteig
150 g Mehl Salz, Zucker 200 ml Milch 3 Eigelb 3 Eischnee	Backteig	150 g Mehl Salz ¼ l Milch 2 Eier	Pfannkuchenteig

Fleisch richtig anbraten – (k)eine Kunst?

Nenne die Arbeitsschritte beim Anbraten von Fleisch in der richtigen zeitlichen Reihenfolge:

1. Alle Zutaten und Geräte zurechtlegen.
2. Pfanne oder Topf kurz trocken erhitzen.
3. Wasserfreies Fett zugeben.
4. Fleisch anbraten, warten → Das Fleisch soll sich von selber vom Topfboden lösen.
5. Große Fleischmengen portionsweise anbraten.

© AOL-Verlag

Sozial-Check: Schülerreflexion zur Förderung der Sozial- und Selbstkompetenz

Bewerte! **+++ trifft zu** **++ trifft teilweise zu** **+ trifft nicht zu**	
Die Auswahl der Gerichte war passend (Arbeitsumfang, geschmackliche Zusammenstellung).	
Wir haben respektvoll miteinander gesprochen.	
Die Arbeiten waren gerecht verteilt.	
Wartezeiten wurden zum Abspülen und Aufräumen genutzt.	
Es wurde auf Ordnung und Sauberkeit geachtet.	
Wir haben uns gegenseitig geholfen.	
Die Arbeitsplanung war vollständig und wurde eingehalten.	
Wir haben selbstständig mit wenig Lehrerhilfe gearbeitet.	

Vorsatz für die nächste Unterrichtsstunde in der Schulküche:

____

So arbeite ich:

Name	Ich bereite meinen **Arbeitsplatz** vollständig vor.	Ich achte auf die richtigen **Arbeitstechniken.**	Ich räume meinen **Arbeitsplatz nach jedem Arbeitsschritt** sofort auf.	Darin muss ich noch **besser** werden.

+++ trifft zu **++ trifft teilweise zu** **+ trifft nicht zu**

© AOL-Verlag

Reflexion der Gruppenarbeit

Arbeitsplanung für die Gruppe

Bewerte! **+++ trifft zu** **++ trifft teilweise zu** **+ trifft nicht zu**	
Bei der Besprechung der Rezepte und der Arbeitsplanung hat sich jeder in der Gruppe beteiligt.	
Es wurden alle Arbeitsschritte aufgeführt.	
Wir haben die passenden Fachbegriffe verwendet.	
Die Arbeiten waren gerecht verteilt.	
Wir sind gleichzeitig mit den anderen Gruppen fertig geworden.	

So war heute für mich die Teamarbeit:

Name:

1 ——————————————→ **10**

Bewertet in der Gruppe das heutige planerische Arbeiten in der Kochgruppe:

Durcheinander Keine Absprache Nicht fertig geworden	Zeitweise geplant, teilweise Absprachen, gerade noch fertig geworden	Geplant gearbeitet, fast immer abgesprochen, fertig geworden	Stets geplant gearbeitet, sehr gute Absprachen, sehr pünktlich fertig geworden

Reflexion der Gruppe: Besprecht die Satzanfänge in der Gruppe und ergänzt sie gemeinsam zu einem Satz.

Das Arbeiten in der Gruppe --

Die Gruppenarbeit hat heute gut geklappt, weil --

Die Gruppenarbeit hat heute nicht geklappt, weil --

Wenn in der Gruppe Konflikte auftreten, dann --

Gemeinsames Arbeiten bedeutet für uns ---

Unser Gruppenmotto ist --

In der nächsten Unterrichtsstunde in der Schulküche werden wir ---------------------------

© AOL-Verlag

Ziel der Kompetenzraster ist es, dem Schüler die Möglichkeit zu geben, sich selbst einzuschätzen und seinen Leistungsstand (Stärken und Schwächen) zu verdeutlichen.

Kompetenzraster für Stufe 1

(Arbeitsplatzgestaltung, Schneiden, Umgang mit dem Herd)

	Arbeitsplatzgestaltung		Arbeitstechniken, Arbeitsgeräte		Arbeiten in der Gruppe
	Vorbereitung	Durchführung			
NIVEAU 1	Ich komme in die Küche, warte auf die anderen Gruppenmitglieder und auf Anweisungen.	Ich führe die zugeordneten Aufgaben aus und warte auf die nächste Anweisung.	Ich kann einfache Schneidearbeiten ausführen.	Ich kann den Herd bedienen.	Ich kann mit den Gruppenmitgliedern notwendige Absprachen treffen.
NIVEAU 2 Die Schülerin/der Schüler erfüllt die Kriterien von Niveau 1 und leistet zusätzlich:	Ich übernehme mein Amt, treffe Absprachen mit den anderen Gruppenmitgliedern und bereite selbstständig meinen Arbeitsplatz vor.	Ich erledige die geforderte Aufgabe und räume das Geschirr weg.	Ich kann feine Schneidearbeiten ausführen.	Ich kann die Herdfunktionen benennen.	Ich kann bei Konflikten Kompromisse eingehen. Ich äußere meine Meinung in angemessenem Ton.
NIVEAU 3 Die Schülerin/der Schüler erfüllt die Kriterien von Niveau 1 und 2 und leistet zusätzlich:	Ich lese das Rezept und erkenne die geforderten Arbeitstechniken.	Ich erledige die Aufgabe, räume selbstständig auf und bereite den nächsten Arbeitsschritt vor.	Ich kann Lebensmittel rationell (= zügig und mit möglichst wenig Abfall) schneiden.	Ich kann den Herd energiesparend und fachgerecht einsetzen und ihn fachgerecht reinigen.	Ich habe Freude am gemeinsamen Arbeiten. Ich helfe den anderen Gruppenmitgliedern und nehme selbst Hilfe an.

Kompetenzraster für Stufe 2 und Stufe 3

	Rezepterschließung		Praktische Umsetzung		Arbeiten in der Gruppe
	Rezeptverständnis	Arbeitsschritte erkennen	Küchentechniken	Ergebnis	Teamfähigkeit
NIVEAU 1 **Es ist mir bekannt.**	Im Prinzip verstehe ich das Rezept, versichere mich aber gern bei meinen Mitschülern.	Ich kann die Gliederung des Rezeptes und die einzelnen Arbeitsschritte erkennen.	Mir sind die notwendigen Arbeitstechniken bekannt und ich kann sie mithilfe des Rezeptes anwenden.	Das Ergebnis entspricht in etwa meinen Vorstellungen.	Ich bin mit der Aufgabenverteilung zufrieden; das Team gibt mir Hilfestellung und Sicherheit.
NIVEAU 2 **Ich fühle mich sicher!**	Trotz der Abwandlung ist das Rezept für mich logisch aufgebaut, ich muss nicht viel überlegen.	Mir sind die notwendigen Arbeitsschritte klar, ich erkenne eine zeitlich sinnvolle Reihenfolge.	Ich erledige die notwendigen Arbeiten selbstständig und sicher.	Ich bin zufrieden mit dem Ergebnis; es schmeckt gut.	Ich finde es interessant, die Aufgaben zu verteilen, kann mit Konflikten gut umgehen und finde die Teamarbeit sinnvoll.
NIVEAU 3 **Ich blicke durch!**	Mir ist das Rezept völlig klar, ich habe eine genaue Vorstellung von dem Gericht.	Ich weiß genau, was ich zuerst tun muss, plane im Kopf alle anderen Vorbereitungsarbeiten und Wartezeiten mit ein.	Ich kann rationell und sauber alle notwendigen Arbeiten durchführen und habe dabei auch immer meinen Arbeitsplatz im Blick.	Ich bin sehr zufrieden mit dem Ergebnis, finde meine Gerichte sehr gelungen und schön angerichtet.	Ich habe Freude am gemeinsamen Arbeiten, beobachte auch die Arbeit meiner Mitschüler und helfe dem Team gerne.

© AOL-Verlag

Kompetenzverteilung nach Gruppengröße

Kompetenzverteilung in einer Dreiergruppe

Kompetenz	Aufgaben
Küchenchef 	Rezepte herausnehmen und wieder einordnen.
	Gruppe führen.
	Arbeitsplanung schreiben.
Zeitwächter 	Auf Garzeiten achten.
	Darauf achten, dass Wartezeiten sinnvoll genutzt werden.
	Darauf achten, dass alles zum richtigen Zeitpunkt fertig wird.
Hygienewächter 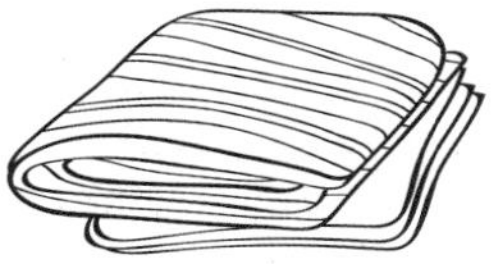	Auf Ordnung und Sauberkeit achten.
	Auf saubere Arbeitsplätze achten.
	Auf einen ordentlichen Spülplatz achten.

Kompetenzverteilung in einer Vierergruppe

Kompetenz	Aufgaben
Küchenchef 	Gruppe führen.
	Darauf achten, dass alles zum richtigen Zeitpunkt fertig wird.
Zeitwächter 	Auf Garzeiten achten.
	Darauf achten, dass Wartezeiten sinnvoll genutzt werden.
Hygienewächter 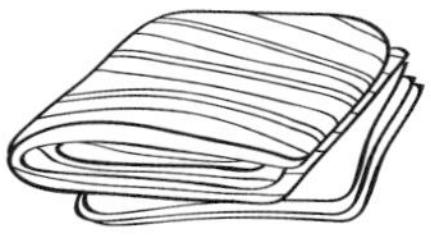	Auf Ordnung und Sauberkeit achten.
	Auf saubere Arbeitsplätze und einen sauberen Spülplatz achten.
Verwalter 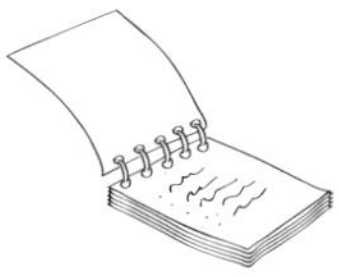	Rezepte herausnehmen und wieder einordnen.
	Arbeitsplanung schreiben.

© AOL-Verlag

Vorlage für die Gruppenarbeitsplanung

Teamarbeit – Kompetenzen – Arbeitsplanung

Gericht:	Datum:

 **Küchenchef**		✓ Ämter in Absprache einteilen ✓ Arbeitsverteilung in Absprache ✓ Selbsteinschätzung in Absprache ✓ Küchenkontrolle
 **Zeitwächter**		✓ Lebensmittel und Geräte herrichten ✓ Darauf achten, dass Wartezeiten zum Aufräumen und Abspülen genutzt werden
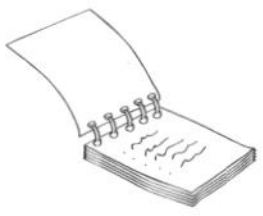 **Verwalter**		✓ Rezepte entnehmen und wieder einordnen ✓ Spülmaschine ausräumen
 **Schreiber**		✓ Spülmaschine ausräumen ✓ Mappe mit den Arbeitsplanungen führen

Bei Dreiergruppen ist der Küchenchef auch der Zeitwächter!

Ämter: Spülamt (SA), Trockenamt (TA), Herdamt (HA), Ordnungsamt (OA)

Name/Amt	Arbeitsschritte

Selbsteinschätzung:

Kriterien	+++	++	+
Selbstständigkeit (ohne oder mit wenig Lehrerhilfe)			
Arbeitsplatz (sauber, ordentlich, strukturiert)			
Zeitplanung (gut geplant, Wartezeiten sinnvoll genutzt)			

+++ trifft vollständig zu **++ trifft teilweise zu** **+ trifft nicht zu**

Lehrkraft:

© AOL-Verlag

Methodenkarten dienen als Unterstützung zum selbstständigen Erarbeiten der Lerninhalte und zur Selbstkontrolle.

Methodenkarte: Arbeitsplanung für die Kochgruppe

Arbeitsplanung für die Kochgruppe – gewusst wie!

Vorgehensweise:

1. Wer übernimmt welches Amt? – Ämterverteilung

Gemeinsame Absprache:

- Ämter eintragen!
- Gerichte und Datum eintragen!

Spülamt	Trockenamt	Herdamt	Ordnungsamt

2. Gemeinsames Lesen und Besprechen der Rezepte

- Geplanten Stundenverlauf beachten!
- Wie sind die Gar- oder Backzeiten?
- Womit muss begonnen werden?
- Was macht viel Arbeit?
- Woran müssen 2 Schüler arbeiten?
- Arbeitsschritte beachten, die nicht im Rezept stehen! (Wasser aufsetzen, Tisch decken, Geschirr warm stellen, Ofen vorheizen)

3. Gemeinsames Formulieren der Arbeitsschritte!

Beispiel:

Namen			
Amt/Aufgabe	Kürbissuppe (SA)	Kürbissuppe (TA)	Apfelküchlein (HA)
Zeit 9:30	Zwiebel, Knoblauch und Ingwer schneiden.	Kürbis vorbereiten. Kartoffeln vorbereiten.	Äpfel vorbereiten.
9:50	Arbeitsplatz zum Andünsten herrichten.	Hilfe bei Apfelküchlein	Backteig zubereiten.
9:50	Andünsten, übrige Zutaten zugeben und köcheln lassen.	Tisch decken.	Apfelküchlein ausbacken.
10:30	Suppe pürieren, abschmecken und anrichten.		Apfelküchlein anrichten.

✓ **Gemeinsame Kontrolle: Sind alle Arbeitsschritte aufgeführt?**

© AOL-Verlag

Methodenkarte: Einkaufsliste schreiben

So erstellst du eine Einkaufsliste

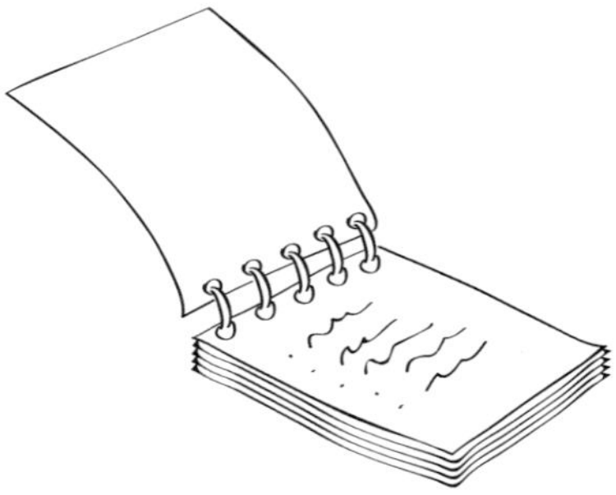

1. Wählt in der Gruppe die Gerichte aus.
2. Nehmt aus dem Rezeptordner die Rezepte heraus.
3. Kontrolliert die Vorräte.
4. Notiert Lebensmittel, die ihr aus dem Vorrat nehmt, in der oberen Tabelle.
5. Lebensmittel, die ihr bestellen oder einkaufen müsst, tragt ihr in der benötigten Menge in die unteren Tabellen ein.
6. Beachtet:
   - gängige Verkaufsgrößen
   - bei Eiern die Art der Tierhaltung und die Herkunft
   - bei Obst und Gemüse die Saison
   - bei Milchprodukten den Fettgehalt, die Herkunft und das Mindesthaltbarkeitsdatum
   - bei Kartoffeln die Kocheigenschaft

Einkaufsliste

Name/Gruppe:
Gerichte:
Kochtag:

Lebensmittel aus dem Vorrat	
✓	✓
✓	✓
✓	✓

Obst und Gemüse	Milchprodukte

Fleisch und Wurstwaren	Sonstiges

Geschätzte Lebensmittelkosten:

© AOL-Verlag

Methodenkarte: Handout und Plakat

So gestaltest du ein Handout

1. Recherchiere gründlich über das Thema (Arbeitsmappe, Schulbuch, Broschüren, Internet) → Stoffsammlung
2. Erstelle eine Gliederung, z. B.

- Arbeitstechniken
- Krallengriff
- Juliennestreifen
- Gelatineverarbeitung

1. Arbeitstechniken
2. Garverfahren
3. Nähr- und Wirkstoffe

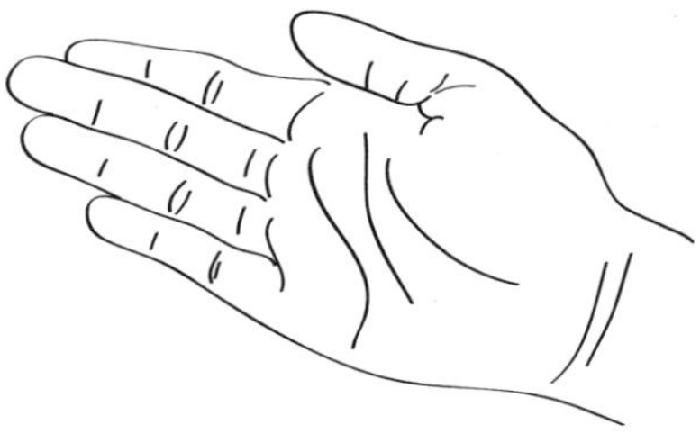

3. Überlege dir eine Struktur für die Darstellung.

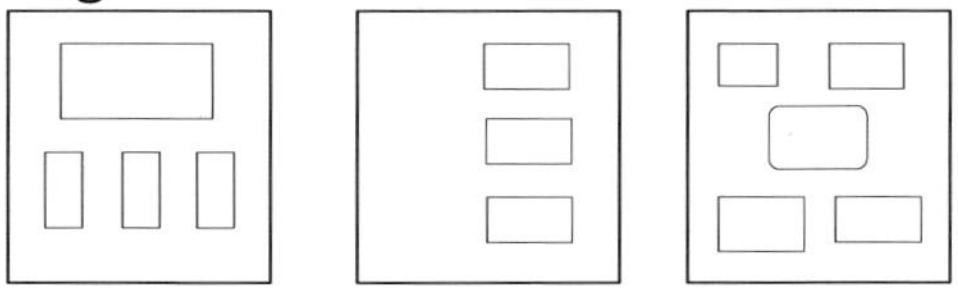

4. Formuliere kurz und knapp.
5. Setze Fachbegriffe passend ein (Küchenfachsprache).
6. Verwende grafische Darstellungen (Tabellen, Diagramme usw.).
7. Nenne deine Informationsquellen, z. B. Buchseite, Arbeitsmappe, genutzte Internetseiten, Fachleute (z. B. Eltern, Großeltern).

So gestaltest du ein Plakat

Prima Klima mit Obst und Gemüse!

1. Wähle eine passende Überschrift aus.
   → kurz, aussagekräftig, ansprechend
2. Formuliere knapp und stichpunktartig – beschränke dich auf das Wesentliche.
   → Verwende Druckschrift.
3. Überlege dir die Anordnung der Inhalte.

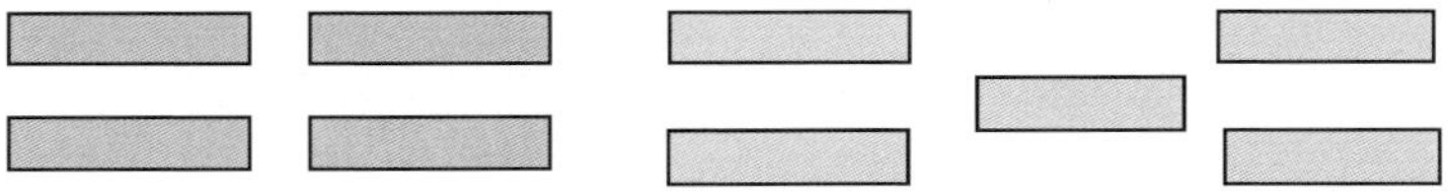

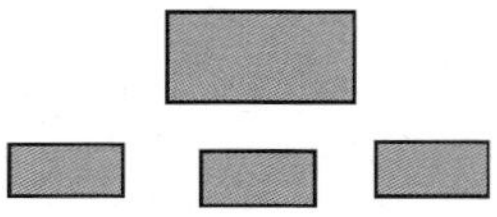

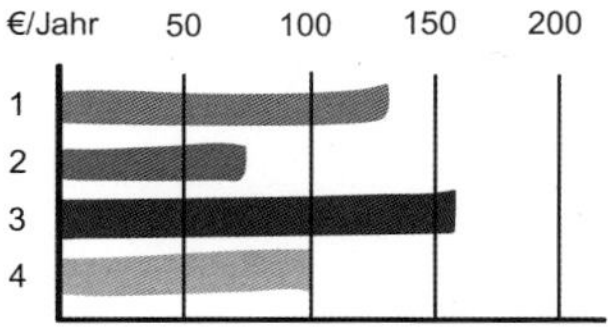

4. Überlege dir einen aussagekräftigen Blickfang, wähle dazu passende grafische Darstellungen wie Bilder, Skizzen, Zeichnungen und Tabellen aus.
5. Verwende Farben, die gut zum Inhalt passen!
6. Benutze
   ✓ **Aufzählungszeichen** und
   ✓ **Pfeile**! ➡
7. Achte auf **Sauberkeit** in der **Ausführung.**

Weiß – informativ, neutral
Gelb – freundlich, Übersicht
Grün – Hoffnung, Wachstum, Natur
Blau – Vertrauen, Toleranz
Rot – Emotionen, Gefahr, Signalfarbe

© AOL-Verlag

Methodenkarte: Handout und Plakat

Beispiel für ein Plakat über Nähr- und Wirkstoffe

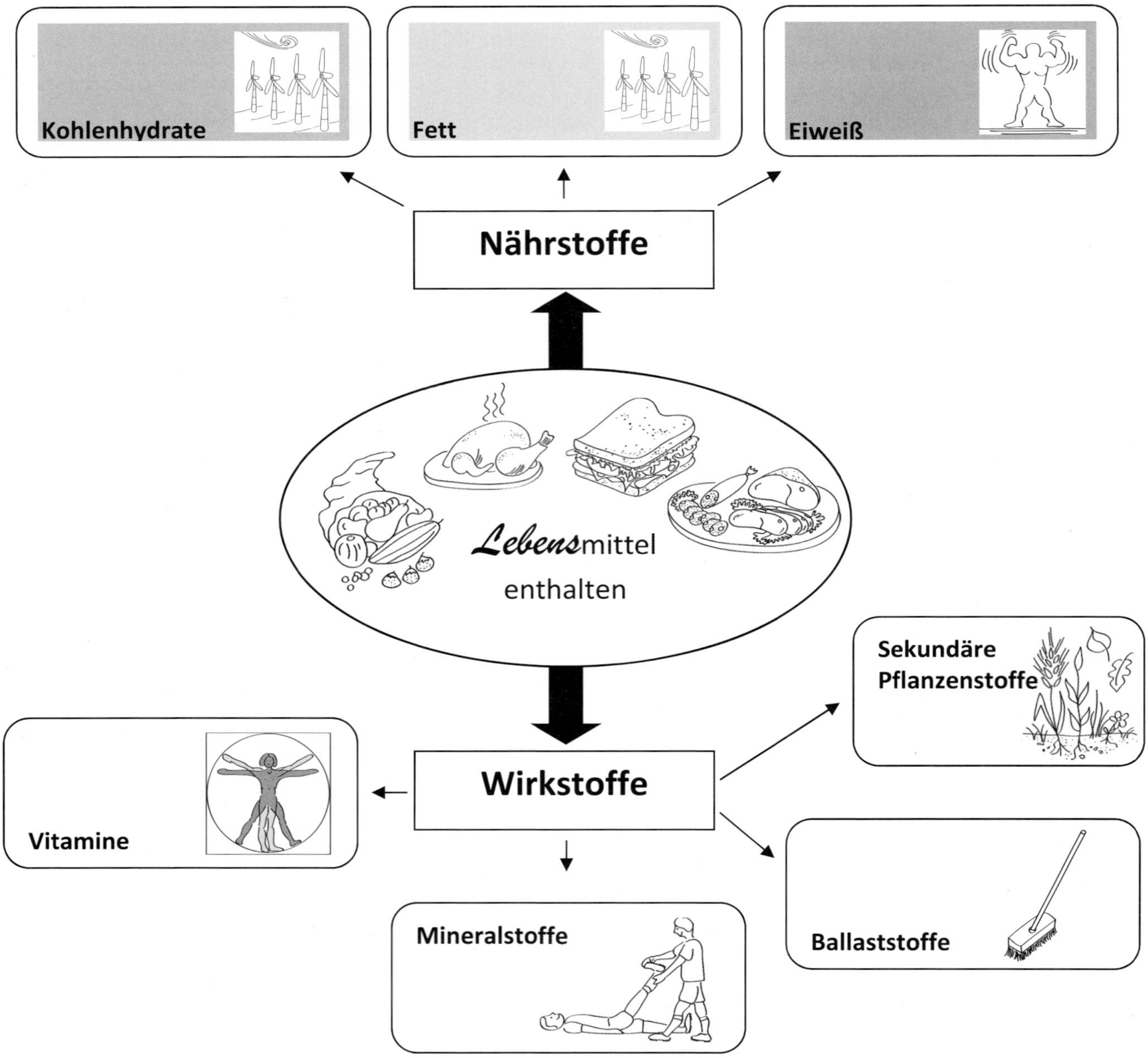

© AOL-Verlag

Methodenkarte: den Tisch decken

Das Auge isst mit: Wir schaffen einen festlichen Rahmen für unser Menü

1. Das Tischdecken:

• Tischdecke oder Sets decken
• Passendes Geschirr und Besteck auswählen
• Teller knapp 1 cm vom Tischrand entfernt abstellen
• Vorlegebesteck bereitlegen
• Je nach Gericht Teller und Schüsseln warm stellen
• Je nach Anlass passende Tischdekoration wählen

2. Allgemeine Regeln

• Weniger ist mehr – die Tischdekoration nicht zu üppig gestalten.
• Tischdecken oder Sets müssen gebügelt, fleckenfrei, ordentlich genäht und passend sein.
• Für die Dekoration ein Motto wählen, z. B.: – Farbe – Jahreszeit – Jahreskreis, z. B. Weihnachten, Ostern usw. – Landesküche, z. B. bayerisch, mediterran usw.
• Servietten achtsam falten. Sie sollten eine voluminöse Wirkung haben.

Der Tafelspitz

© AOL-Verlag

Methodenkarte: Speisen präsentieren

So stellst du deine Speisen vor

Vorgehensweise:

Aufgabe/Gericht vorstellen
Begründen, warum man sich im Hinblick auf die Aufgabenstellung für dieses Gericht entschieden hat

Erläuterungen zum Gericht:

- Arbeitstechniken
- Garverfahren
- Enthaltene Nähr- und Wirkstoffe und deren Aufgaben
- Informationen zu den verwendeten Lebensmitteln
  - regional
  - saisonal
  - aus biologischem Landbau
- Informationen zu dem Gericht
- Typische Landesküche (mediterran, bayrisch, französisch usw.)
- Gericht mit Geschichte (z. B. Quiche Lorraine, Bayerische Creme usw.)

➡ **Wähle 1 – 2 aufgezählte Kriterien in Bezug zur Aufgabenstellung aus.**

✓ Verwende nur Fachbegriffe, die du kennst und erläutern kannst.
✓ Bereite dich gut vor und informiere dich umfassend.
✓ Schreibe dir Stichwortkarten.
✓ Sprich deutlich und in ganzen Sätzen.
✓ Achte auf gerade Körperhaltung und auf eine feste, gut hörbare Stimme.

© AOL-Verlag

Methodenkarte: Menükarte erstellen

So erstellst du eine Menükarte

Vorgehensweise:

Textprogramm Microsoft Word öffnen (hier Version 2007)
Menüpunkt – Seitenlayout anklicken
Menüunterpunkt Orientierung öffnen – Querformat anklicken
Menüunterpunkt Spalten anklicken – zwei Spalten anklicken (Kontrolle siehe Lineal – Lineal einstellen – Menüpunkt Ansicht Lineal)

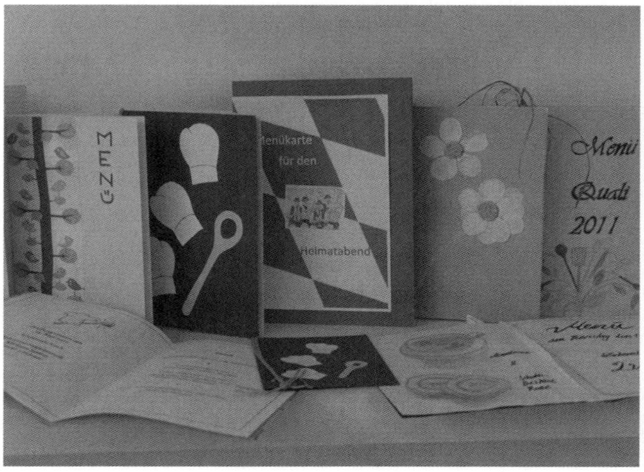

Texteingabe:
1. Spalte:
Menü
Datum
Köche/Köchinnen
Namen

Menüpunkt – Seitenlayout – Umbrüche öffnen – Spalte anklicken

2. Spalte:
Menü eingeben
Zwischen den Menügängen jeweils ein Leerzeichen setzen!

Formatierung/Gestaltung:

Siehe Methodenkarte Rezeptgestaltung am Computer

➢ **Text formatieren, anklicken – Text ist markiert!**

Rahmen:
Menüunterpunkt Rahmen anklicken – Rahmen und Schattierungen öffnen – Seitenrand anklicken – Seitenrand auswählen

Bild einfügen:
Menüpunkt Einfügen anklicken – Grafik anklicken – Bild am entsprechenden Speicherort suchen – Einfügen

Menükarte in der Seitenansicht kontrollieren. Menükarte ausdrucken.
Umschlagblatt aus Tonpapier von Hand gestalten.

© AOL-Verlag

Methodenkarte: Rezept am Computer schreiben

Gestaltungsformen

Rezept in Tabellenform

Biskuitroulade mit Sahne-Obst-Füllung
GR: Biskuitteig

Zutaten	Zubereitung
4 Eiweiß 1 Prise Salz	Eiweiß mit Salz steif schlagen.
100 g Zucker	Zucker nach und nach einrieseln lassen – Schaummasse schlagen.
4 Eigelbe	Eigelbe unterziehen.
100 g Mehl	Mehl unterheben.
	Teig auf ein Blech mit Backpapier streichen, bei 200°C Ober- und Unterhitze 10 – 12 Min. backen. Platte nach dem Backen auf ein Tuch stürzen, mit Frischhaltefolie abdecken und auskühlen lassen.
Füllung: 250 g Quark 2 EL Zucker 1 P. Vanillezucker	Quark mit Zucker und Vanillezucker verrühren.
200 ml Sahne Obst der Saison	Sahne schlagen und unterziehen. Obst vorbereiten.
Fertigstellung:	Quarkcreme auf die Teigplatte streichen, mit Obst belegen und aufrollen,
Puderzucker	mit Puderzucker bestäuben.

Zutatenspalte muss kleiner sein als die Zubereitungsspalte.

Zubereitungsschritte müssen auf gleicher Zeilenhöhe wie die Zutaten stehen. Leerzeilen verdeutlichen die Arbeitsschritte.

Rezept ohne Tabelle, Zutaten und Zubereitung getrennt

Biskuitroulade mit Sahne-Obst-Füllung
GR: Biskuitteig

Zutaten:
4 Eiweiß
1 Prise Salz
100 g Zucker
4 Eigelbe
100 g Mehl

Füllung:
250 g Quark
2 EL Zucker
1 Päckchen Vanillezucker
200 ml Sahne
Obst der Saison

Zubereitung:
- Eiweiß mit Salz steif schlagen.
- Zucker nach und nach zugeben.
- Schaummasse schlagen.
- Eigelb unterziehen.
- Mehl unterheben.
- Teig auf ein Blech mit Backpapier streichen.
- Bei 200°C Ober- und Unterhitze 10 – 12 Min. backen.
- Teigplatte auf ein Tuch stürzen,
- mit Frischhaltefolie abdecken und auskühlen lassen.

Füllung:
- Quark mit Zucker und Vanillezucker verrühren.
- Sahne schlagen und unterziehen.
- Obst vorbereiten.

Fertigstellung:
- Quarkcreme auf die Teigplatte streichen,
- mit Obst belegen und aufrollen,
- mit Puderzucker bestäuben.

Zubereitungsschritte müssen klar erkennbar sein. Aufzählungszeichen oder Nummerierung verwenden.

© AOL-Verlag

Methodenkarte: Rezeptgestaltung am Computer

Vorgehensweise:

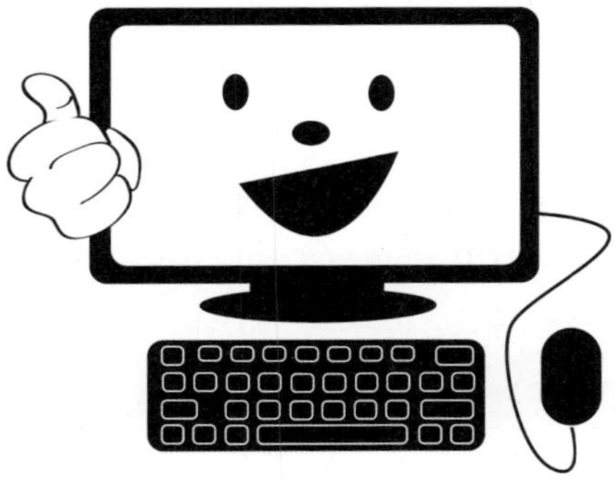

1. Das Rezept schreiben:

1. Programm Microsoft Word öffnen
2. Name des Gerichtes schreiben
3. Eventuell Angaben zum Grundrezept
4. Bei einer Gestaltung in Tabellenform:
   Einfügen – Tabelle erstellen,
   Spaltenbreite einstellen (entweder mit der Maus am Lineal oder über Tabelleneigenschaften)
5. Zutaten und Zubereitungsschritte in die Tabellenspalten hineinschreiben.
6. Eventuell Merkpunkte notieren.

2. Das Rezept formatieren/gestalten:

Gestaltungselemente – siehe Menüleiste:

Schriftart	z. B. Arial, Times New Roman, Comic sans, Calibri
Schriftgrad	Schriftgröße
Schriftschnitt	Fett, kursiv, unterstrichen
Ausrichtung	Linksbündig, rechtsbündig, zentriert
Schriftfarbe	Nur bei Farbdruck sinnvoll!
Rahmen	Rechte Maustaste anklicken -> In dem Menü „Rahmen und Schattierung“ kann man die Gestaltung von Rahmen, Seitenrändern und Schattierung festlegen.
Schattierung	Füllung der Tabelle mit einer Hintergrundfarbe; entweder farbig oder schwarz-weiße Prozentwerte

Beachte:

- Überschriften und Unterüberschriften hervorheben
- Eventuell Fachbegriffe hervorheben (Schriftschnitt)
- Merkpunkte hervorheben
- Passende Aufzählungszeichen wählen
- Passendes Bild einfügen
- Passenden Seitenrand wählen

© AOL-Verlag

Methodenkarte: Organisationsplan

Gut geplant ist halb gelungen: Zeitmanagement beim Kochen

Organisationspläne sind immer dann notwendig, wenn mehrere Speisen von einer Person zubereitet werden müssen.
Alles muss zum richtigen Zeitpunkt fertig werden.

Wie gehe ich vor?

- Rezepte genau durchlesen
- Garzeiten ermitteln (unterstreichen)
- Auskühlzeiten und Ruhe- und Gehzeiten beachten!

Beispiele:

Auskühlzeiten, Kühlzeiten	Ruhezeiten/Gehzeiten
Biskuitroulade, Gelatinespeisen	z. B. Strudelteig, Hefeteig

- Das einzelne Gericht in Arbeitsschritte zerlegen, dabei kleinere Arbeitsschritte zusammenfassen, z. B. Gemüse in Würfel schneiden, Strudelteig zubereiten
- Fachbegriffe verwenden!
- Arbeitsschritte, die zwar zeitlich von großer Bedeutung sind, aber nicht im Rezept stehen, berücksichtigen, z. B. Wasser zum Kochen bringen, Ofen vorheizen.
- Arbeitsschritte in die richtige Reihenfolge bringen!
- Arbeitsschritte sinnvoll aufeinander abstimmen, z. B. die Füllung zubereiten, während der Strudelteig ruht.

Tipps für den Organisationsplan:

- Stelle Gerichte mit der längsten Garzeit an den Anfang!
- Überlege, was frisch zubereitet werden muss, was man stehen lassen kann und was kurz vor dem Essen nochmals aufgewärmt werden kann.
- Überlege stets, welche Arbeiten vorbereitet werden können, um Wartezeiten sinnvoll zu nutzen.

Kontrolle:

- Lies jede **Spalte** gesondert durch! Überprüfe dabei, ob das Rezept vollständig ist und kein Arbeitsschritt vergessen wurde!

- Kontrolliere die einzelnen **Zeilen**!
  In jeder Zeile darf jeweils nur an einem Gericht gearbeitet werden!

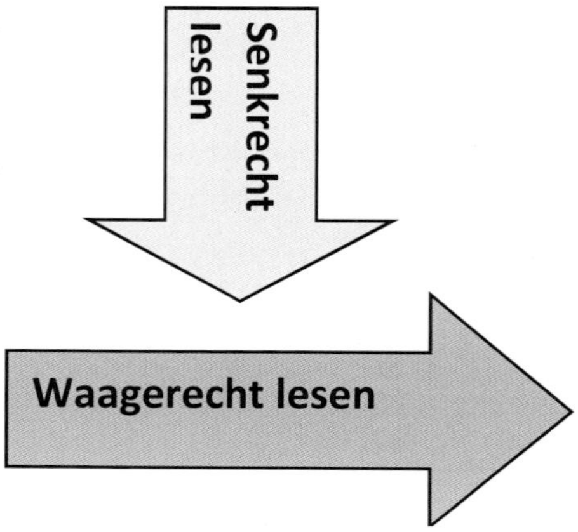

© AOL-Verlag

Organisationsplan: Zeitvorgabe 150 Minuten (Beispiel)

Zeitleiste	Aufgabe: Schnitzel „Wiener Art“	Aufgabe: Kartoffelsalat	Aufgabe: Panna cotta mit Fruchtsoße
9:00 – 9:05			Geräte und Zutaten herrichten
9:05 – 9:10			Gelatine einweichen
9:10 – 9:15			Vanilleschote vorbereiten
9:15 – 9:20			Sahne erhitzen und köcheln lassen
9:20 – 9:25		Kartoffeln im Dampfdrucktopf aufsetzen	
9:25 – 9:30			
9:30 – 9:35			Gelatine in die Sahne geben
9:35 – 9:40			Panna cotta in Förmchen füllen
9:40 – 9:45			Früchte vorbereiten und zuckern
9:45 – 9:50			
9:50 – 9:55		Zutaten schneiden	
9:55 – 10:00		Kartoffeln zur Seite stellen	
10:00 – 10:05		Zutaten schneiden	
10:05 – 10:10			
10:10 – 10:15			
10:15 – 10:20		Brühe herstellen	
10:20 – 10:25		Kartoffeln schälen und schneiden	
10:25 – 10:30			
10:30 – 10:35			
10:35 – 10:40		Kartoffelsalat fertigstellen	
10:40 – 10:45			Fruchtsoße zubereiten
10:45 – 10:50	Schnitzel vorbereiten und würzen		
10:50 – 10:55			
10:55 – 11:00	Schnitzel panieren		
11:00 – 11:05			
11:05 – 11:10	Schnitzel ausbacken		
11:10 – 11:15			
11:15 – 11:20			
11:20 – 11:25	Garnitur vorbereiten		
11:25 – 11:30	anrichten	anrichten	anrichten

© AOL-Verlag

Vorlage für den Leittext

Die Schüler beherrschen arbeitstechnische Grundlagen und können gut im Team arbeiten. Es wird nach der Leittextmethode unterrichtet. Je nach Gruppengröße bereiten zwei Gruppen die Speisen zu, zwei Gruppen erstellen die Planung für die nächste Unterrichtsstunde und recherchieren über das passende Theoriethema oder eine Gruppe plant und zwei Gruppen kochen. Gegessen wird im Anschluss gemeinsam.
Hinweis: Für die Prüfungsvorbereitung ist es sinnvoll, wenn ein Schüler des Planungsteams in regelmäßigen Abständen einen Organisationsplan zu drei ausgewählten Gerichten erstellt. Im regulären Kochunterricht kochen die Schüler stets im Team, in der Prüfung kochen sie dagegen alleine, um eine gerechte Bewertung zu gewährleisten.

Arbeitsauftrag für die Planungsgruppe:

Szenario:

Das ist zu tun:

Arbeitsschritte	wer	✓ erledigt
Wählt in der Gruppe ein passendes Menü aus.		
Erstellt dazu eine Einkaufsliste.		
Erstellt eine Arbeitsplanung für die Gruppe.		
Notiert für die Präsentation: – Begründung für die Auswahl der Gerichte – Arbeitstechniken der Gerichte		
Präsentiert am Ende der Stunde eure Ergebnisse.		

Am Ende der Stunde ist abzugeben:

- ✓ Einkaufsliste
- ✓ Arbeitsplan für die Gruppe
- ✓ Kurze Informationen zur Präsentation

© AOL-Verlag

Beispiele für verschiedene Szenarios

Stundenthema besondere Arbeitstechniken:

Nach dem Motto „Schmecken soll es“ hat die Auswahl der Garverfahren einen entscheidenden Einfluss auf den Geschmack der Gerichte. Wählt für die nächste Unterrichtstunde ein Menü aus, in dem verschiedene besonders geschmacksgebende Garverfahren angewendet werden. Informiert euch dazu über die Merkmale dieser Garverfahren.
Leichtes und gesundes Essen mit den passenden Garverfahren. Garverfahren haben entscheidenden Einfluss auf den Energiegehalt eines Gerichts. Wählt für die nächste Unterrichtsstunde ein leichtes, energiearmes Menü aus. Informiert euch dazu über die Merkmale energiearmer Garverfahren.
Aus flüssig wird fest! In der Dessertküche geht es häufig darum, Flüssigkeiten eine cremige Konsistenz zu geben. Als Bindemittel wird hierzu häufig Gelatine verwendet. Da Gelatine tierischen Ursprungs ist, wird für Vegetarier, Veganer und Muslime das pflanzliche Bindemittel Agar-Agar verwendet. Plant für die nächste Stunde verschiedene Dessertgerichte, die wahlweise mit Gelatine und Agar-Agar gebunden werden. Informiert euch dazu auch über die Herstellung von Gelatine und Agar-Agar.

Stundenthema Ernährung:

Fit und gesund für Schule und Sport Damit der Körper fit und gesund für Schule und Sport ist und bleibt, benötigt er eine vielseitige vollwertige Ernährung mit allen Nähr- und Wirkstoffen. Plant für die nächste Stunde ein vollwertiges schmackhaftes Menü und informiert euch über die wichtigsten Nähr- und Wirkstoffe.
Menü für einen Gesundheitstag Zum Abschluss eines Gesundheitstages bereitet ihr ein vollwertiges Menü zu. Vor dem Essen informiert ihr die Gäste über die enthaltenen Nähr- und Wirkstoffe und erläutert dazu kurz deren Bedeutung für den Körper.
Gesund und fit bis ins hohe Alter mit vegetarischer Ernährung Die Menschen werden immer älter. Wenn die Rahmenbedingungen gut sind, können Menschen über 100 Jahre alt werden. Daher ist die Gesundheitsvorsorge auch so wichtig. Die Ernährung, besonders die vegetarische, spielt dabei eine entscheidende Rolle. Plant für die nächste Stunde ein vegetarisches Menü. Informiert euch eingehend über die Vorzüge dieser Ernährungsform.
Trendsetter oder Außenseiterküche? Die vegane Küche gewinnt immer mehr an Bedeutung und wird in der Öffentlichkeit immer präsenter. Plant für die nächste Stunde ein veganes Menü und informiert euch eingehend über die Vorzüge und Risiken der veganen Ernährungsweise.
Winterspeck ade! Der Frühling und besonders die Fastenzeit ist häufig eine Zeit, in der man wieder bewusster isst und den angefutterten Winterspeck loswerden will. Plant für die nächste Stunde ein leichtes Frühlingsmenü, das viele Wirkstoffe wie Vitamine und Mineralstoffe enthält und wenig Energie liefert. Ihr habt folgende Lebensmittel zur Wahl: Putenschnitzel, Kartoffeln, Obst und Gemüse der Saison.

© AOL-Verlag

Stundenthema Einkauf:

Essen für die Zukunft Unser Ernährungsverhalten hat große Auswirkungen auf das Klima und somit auf die Zukunft der Erde. Plant für die nächste Stunde ein Menü, welches das Klima so wenig wie möglich belastet. Informiert euch dazu, wie man klimaschonend einkauft.
Mit gutem Gewissen genießen Wie der Christbaum gehört auch ein festliches Menü zu einem gelungenen Weihnachtsfest. Allerdings sollte im Zeitalter des Klimawandels und der knapper werdenden Ressourcen auf eine zukunftsfreundliche Ernährung geachtet werden. Ihr bereitet unter dem Motto „Mit gutem Gewissen lecker, gesund und klimaschonend genießen!“ ein Weihnachtsmenü mit mindestens 3 – 4 Gängen zu.
Bio-logisch Die Nachfrage nach Lebensmittel aus biologischem Anbau steigt von Jahr zu Jahr. Plant für die nächste Stunde ein Menü, bei dem ihr soweit wie möglich Bio-Lebensmittel verwendet. Informiert euch dazu über das EU-Bio-Siegel und über die Merkmale des biologischen Landbaus.
Kartoffel ist nicht gleich Kartoffel! Das Gelingen von Kartoffelgerichten hängt von der passenden Auswahl der Kartoffelsorte und deren Kocheigenschaften ab. Plant für die nächste Stunde ein Kartoffelgericht, ergänzt dieses mit zwei passenden Gerichten und informiert euch eingehend über den Einkauf und die Inhaltsstoffe der Kartoffel.
Fleisch – ein Stück Lebenskraft? Das Lebensmittel Fleisch hatte für die Menschen schon immer eine besondere Bedeutung. Es war ein Zeichen von Wohlstand. Plant für die nächste Stunde ein Fleischgericht mit passenden Beilagen und informiert euch über die Entwicklung des Fleischverzehrs in Deutschland.
Frühling trifft auf Winter Wer nach der Saison kocht, schmeckt die Jahreszeiten. Informiert euch über Gemüse und Obst der Saison und plant dazu ein passendes Menü.
Fit und gesund mit vollem Korn! Damit wir täglich mit allen wichtigen Wirkstoffen versorgt werden, ist es sinnvoll, immer wieder Gerichte mit Vollkorn zuzubereiten. Plant für die nächste Stunde ein Gericht, das ausschließlich oder teilweise mit Vollkornmehl zubereitet wird. Bei der Kornauswahl könnt ihr zwischen Dinkel, Kamut, Buchweizen, Emmer, Purpurweizen und Einkorn wählen.
Herbst – Zeit der Ernte und Vorratshaltung Gut gestaltete Vorratshaltung spart Geld und Zeit und trägt zum Umweltschutz bei. Plant für die nächste Stunde das Bevorraten von Saisongemüse und Saisonobst. Informiert euch dazu über die verschiedenen Möglichkeiten der Bevorratung.

© AOL-Verlag

Stundenthema Länderküche:

Ein Hauch von Urlaub. Ihr wollt mit Freunden den Urlaub im Süden verbringen. Als Einstimmung auf den Urlaub bereitet ihr mit den Freunden ein mediterranes Menü zu. Plant für die nächste Stunde ein umfangreiches mediterranes Menü. Informiert euch über landestypische Lebensmittel und Zubereitungsarten.
Deutschland trifft Italien. Für ein italienisch-deutsches Freundschaftstreffen bereitet ihr ein Fingerfood-Büfett für 8 Personen zu. Es werden typisch deutsche und typisch italienische Speisen angeboten. Erstellt dazu eine umfangreiche Planung. Bedenkt auch den Aufbau und die Darbietung des Büfetts.
Kulinarische Reise um das Mittelmeer Auf einer Kreuzfahrt lernt ihr die verschiedenen landestypischen Küchen des Mittelmeeres kennen. Viele Gerichte haben euch so gut geschmeckt, dass ihr sie zu Hause nachkochen möchtet und eure Freunde bei einem gemeinsamen Abendessen damit überraschen wollt. Ihr bereitet ein kalt-warmes Büffet mit typischen Speisen aus der Mittelmeerregion zu. Dazu deckt ihr den Tisch passend für 8 Personen.
Die Gartensaison ist eröffnet. Für ein Gartenfest bereitet ihr ein kalt-warmes Büfett nach mediterraner Art zu. Unter den Gästen sind einige Vegetarier sowie Personen, die sehr auf ihre Figur achten, aber auch Gäste, die es gerne deftig mögen. Erstellt dazu eine umfangreiche Planung und bereitet in der nächsten Stunde das Büfett für 8 Personen zu.
Essen ist Heimat. Essen hat sehr viel mit Emotionen zu tun. Der Geruch und Geschmack von Speisen kann uns augenblicklich in bestimmte Situationen versetzen. Somit bedeutet Essen auch ein Stück Heimat, ein Stück Kindheitserinnerung. Plant für die nächste Stunde typische Gerichte eurer Heimat. Informiert euch dazu über den Ursprung dieser Gerichte.
Geschenke aus der Küche Essbare Geschenke aus der Küche sind in der Weihnachtszeit immer sehr begehrt und in der Regel auch preiswert. Plant für die nächste Stunde geeignete kulinarische Geschenke.

Sonstige Stundenthemen:

Faschingszeit ist Partyzeit. Beliebt bei Faschingspartys sind Büffets, vorzugsweise mit Fingerfood. Plant für die nächste Stunde Gerichte, die sich für ein Fingerfood-Büffet eignen.
Gut vorbereitet. Damit ihr für die Projektprüfung gut gerüstet seid, benötigt ihr eine grundlegende Fachkompetenz im Kochen. Plant für die nächste Stunde ein Menü, bei dem ein süßer Hefeteig zubereitet wird. Am Beispiel Hefeteig erläutert ihr, was an Wissen und Können notwendig ist, damit der Hefeteig gelingt.

© AOL-Verlag

Beispiel für Projektprüfung 1: Essen wie im Urlaub

Essen wie im Urlaub
Aus dem letzten Urlaub am Mittelmeer habt ihr verschiedene landestypische Lebensmittel mitgebracht.
Ihr plant ein Festessen für eure Freunde, in dem ihr einige dieser Lebensmittel verwendet.
Passend zu eurem Menü deckt ihr den Tisch für 8 Personen.

Das müsst ihr tun:

1. Informiert euch in der Gruppe zuerst über die landestypischen Lebensmittel aus unten stehender Tabelle. Wählt 2 bis 3 Lebensmittel aus, die ihr in euren Gerichten verwendet. Im Anschluss ergänzt ihr diese mit Rezepten aus der Rezeptmappe zu einem sinnvollen Menü. Das Menü umfasst
   - Vorspeise
   - Suppe
   - Hauptgericht mit passender(en) Beilage(n)
   - Dessert
   - Gebäck

   Hinweis: Jeder übernimmt für 2 – 3 Aufgaben die Verantwortung!

2. Erstellt in der Gruppe eine Einkaufsliste und bestellt die Lebensmittel per Fax bei den euch bekannten Einkaufsstätten. Besprecht gruppenübergreifend die Faxbestellungen.

3. Im Anschluss schreibt jeder für sich einen Organisationsplan für die Durchführung.

4. Jeder gestaltet für seine Gerichte ansprechende Rezeptblätter sowie eine Menükarte für das gesamte Menü der Gruppe.

   Für die Festtafel wählt ihr gemeinsam eine Menükarte aus, die ihr beim Tisch auslegt.

5. Jeder wählt aus der aufgeführten Tabelle ein Lebensmittel aus und gestaltet dazu einen Steckbrief.

6. In der Durchführungsphase am Dienstag bzw. Mittwoch erledigt jeder die Aufgaben entsprechend seiner Arbeitsverteilung. Es stehen dafür 150 Minuten zur Verfügung.

Landestypische Lebensmittel		
Parmesan	Balsamico-Essig	Oregano
Mascarpone	Tomaten	Thymian
Mozzarella	Getrocknete Tomaten	Salbei
Ricotta	Oliven	Rosmarin
Schafskäse	Nudelplatten	Zitronen
Olivenöl	Basilikum	Orangen

© AOL-Verlag

Beispiel für Projektprüfung 2: Die Vielfalt der Teige

Die Vielfalt der Teige
Ob einfacher Rührteig oder anspruchsvoller Strudelteig – die Welt der Teige bietet eine große Vielfalt an pikanten und süßen Speisen.
Ihr bereitet zu diesem Thema ein festliches Menü zu.
Passend zum Menü und zur Jahreszeit deckt ihr den Tisch für 8 Personen.

Das müsst ihr tun:

1. Informiert euch in der Gruppe zuerst über die verschiedenen Teigarten. Dabei wählt jeder ein Gericht mit einer Teigart aus. Anschließend ergänzt ihr diese mit Rezepten aus der Rezeptmappe zu einem sinnvollen Menü.
   Das Menü umfasst
   - Vorspeise
   - Suppe
   - Hauptgericht mit passender(en) Beilage(n)
   - Dessert
   - Gebäck

   Hinweis: Jeder übernimmt für 2 – 3 Aufgaben die Verantwortung!

2. Jeder erstellt eine Einkaufsliste für seine Gerichte. Ihr besprecht eure Einkaufslisten gruppenübergreifend, um kostengünstig einkaufen zu können.

3. Im Anschluss schreibt jeder für seine Aufgaben einen Organisationsplan.

4. Jeder gestaltet eine ansprechende Menükarte. Für die Festtafel wählt ihr gemeinsam eine Karte aus.

5. Jeder wählt aus folgenden Teigarten eine aus und gestaltet dazu einen Steckbrief: Mürbteig, Strudelteig, Hefeteig, Biskuitteig.

6. In der Durchführungsphase am Dienstag bzw. Mittwoch erledigt jeder die Aufgaben entsprechend seiner Arbeitsverteilung. Es stehen dafür 150 Minuten zur Verfügung.

Gerichte mit Geschichte – Speisen mit berühmten Namen!
Viele Speisen sind nach berühmten Persönlichkeiten oder nach Städten, Regionen oder Hotels/Restaurants benannt.
Ihr plant zu diesem Thema ein festliches Mittagessen und informiert eure Gäste über die geschichtlichen Hintergründe der angebotenen Speisen.
Dazu deckt ihr 2 Tische passend zum Menü und zur Jahreszeit.

Gerichte mit Geschichte			
Vorspeise	*Hauptgericht*	*Beilagen*	*Nachspeise*
Quiche Lorraine	Wiener Schnitzel	Kartoffelsalat	Rote Grütze
Bruschetta	Coq au vin	Spätzle	Crêpe Suzette
Minestrone	Piccata alle milanese	Serviettenknödel	Kaiserschmarrn
Pfannkuchensuppe	Züricher Geschnetzeltes	Semmelknödel	Sachertorte/-schnitten

© AOL-Verlag

Bewertungsbogen (Beispiel)

Name:
Gerichte:
Maximale Punktzahl: 55 / Erreichte Punkte: Note:

Durchführung			
Bewertungskriterien	**Punkte 10**	**erreichte P.**	**Bemerkungen**
Aufgabe: Der Schüler/die Schülerin hat die Aufgabe verstanden und für sich eine geeignete Aufgabe ausgewählt.	2		
Einkauf Der Schüler/die Schülerin hat die notwendigen Lebensmittel bestellt und den Vorrat berücksichtigt.	2		
Organisationsplan Der Schüler/die Schülerin hat die Arbeitsschritte in Fachsprache in fachlich und zeitlich richtiger Reihenfolge geplant.	6		

Durchführung			
Bewertungskriterien	**Punkte 30**	**erreichte P.**	**Bemerkungen**
Arbeitsplatzgestaltung Der Schüler/die Schülerin hat seinen/ihren Arbeitsplatz fachgerecht vorbereitet.	1		
Arbeitsplatzgestaltung, Ordnung und Hygiene während der Zubereitung Der Schüler/die Schülerin hat während des gesamten Arbeitsprozesses auf Ordnung, Hygiene und einen fachgerechten Arbeitsplatz geachtet.	4		
Arbeitsweise/-technik Der Schüler/die Schülerin hat die erlernten Arbeitstechniken fachlich richtig angewendet.	20		
Arbeitsgeräte/Herd Der Schüler/die Schülerin hat die Arbeitsgeräte fachgerecht ausgewählt und eingesetzt.	5		

Ergebnisse			
Bewertungskriterien	**Punkte 15**	**erreichte P.**	**Bemerkungen**
Aussehen/Geschmack Das praktische Ergebnis des Schülers/der Schülerin überzeugt in Geschmack und Aussehen.	6		
Schriftwesen Rezeptblätter, Menükarte, Steckbrief	4		
Präsentation Inhalt (fachlich korrekt, vollständig) Darbietung (Vortragstechnik, Anschaulichkeit)	5		

© AOL-Verlag